DESSINS

POUR L'INTELLIGENCE

DES LECTURES SUR LES FUSÉES DE GUERRE

PARIS. — IMPRIMERIE MORRIS ET COMPAGNIE
Rue Amelot, 64.

DESSINS

POUR L'INTELLIGENCE DES

LECTURES SUR LES FUSÉES DE GUERRE

FAITES EN 1860 PAR ORDRE DE

S. A. I. Mgr LE GRAND-DUC MICHEL

GRAND-MAÎTRE DE L'ARTILLERIE RUSSE

A L'ACADÉMIE IMPÉRIALE MICHEL D'ARTILLERIE, A SAINT-PÉTERSBOURG, DEVANT MM. LES OFFICIERS D'ARTILLERIE

PAR

LE GÉNÉRAL-MAJOR KONSTANTINOFF

DIRECTEUR DE LA FABRICATION ET DE L'EMPLOI DES FUSÉES DE GUERRE EN RUSSIE

PUBLIÉES AVEC L'AUTORISATION DE S. M. L'EMPEREUR DE TOUTES LES RUSSIES

PARIS

TYPOGRAPHIE MORRIS ET COMPAGNIE, 64, RUE AMELOT

1861

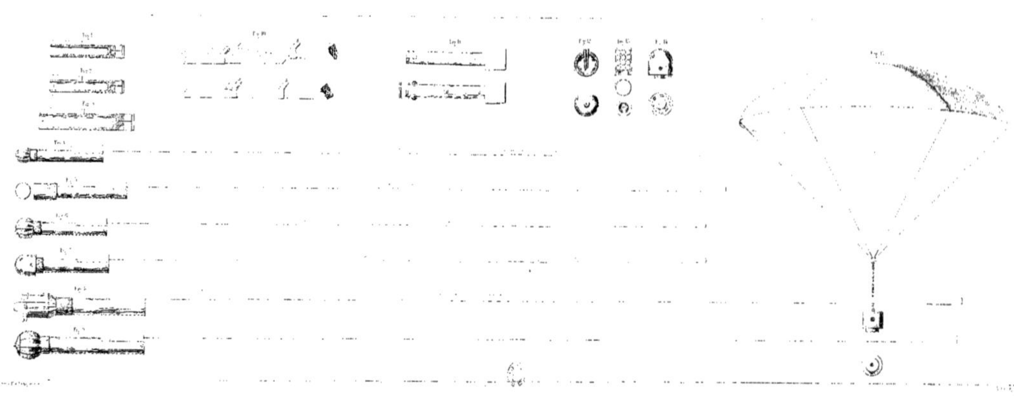

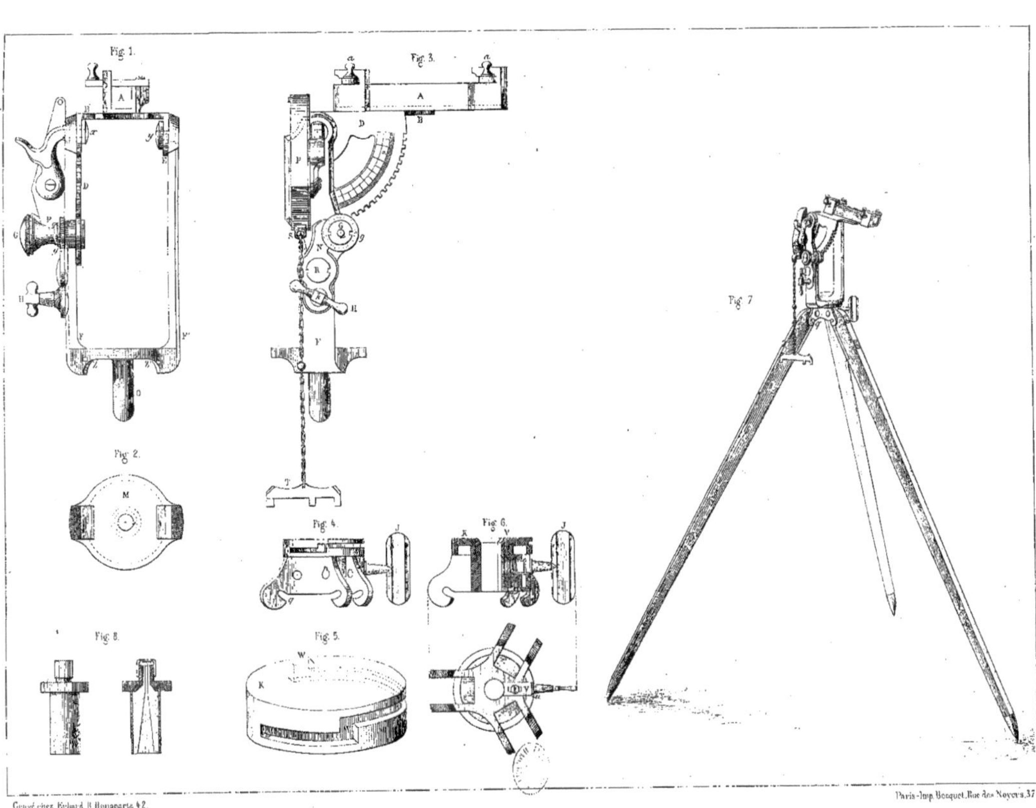

Paris-Imp. Becquet, Rue des Noyers, 37.

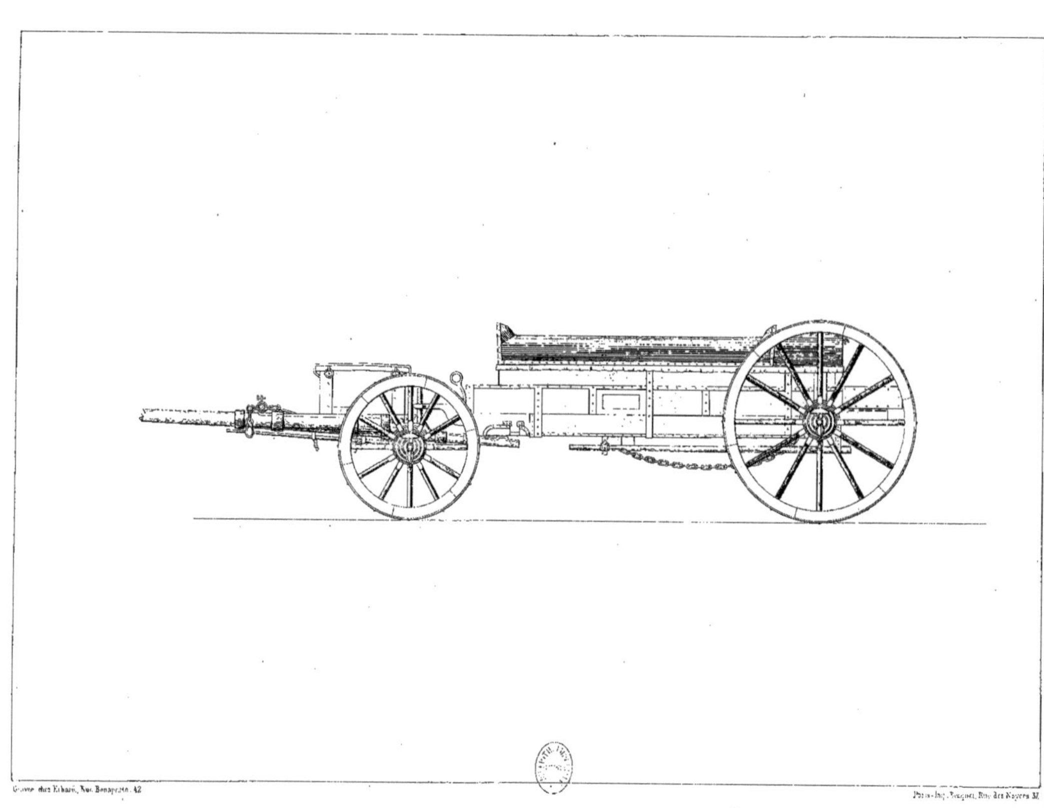

Fig. 1.

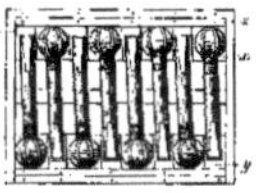

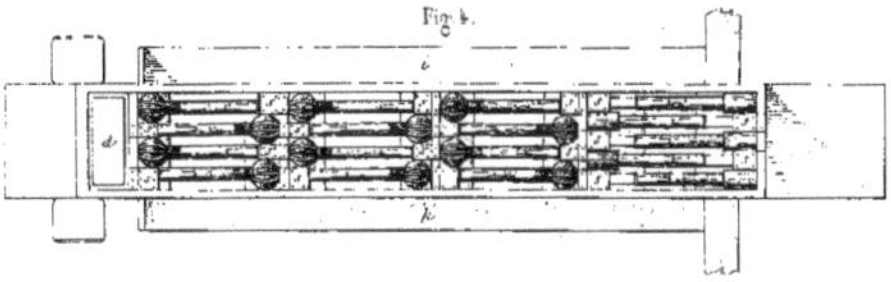

Fig. 2.

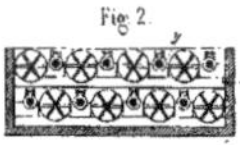

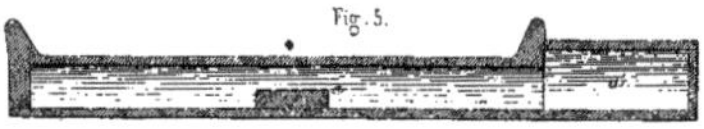

Fig. 3.

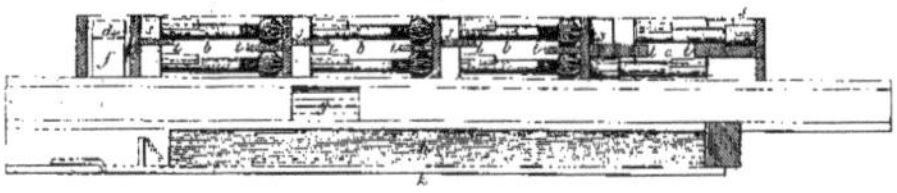

Fig. 4.

Fig. 5.

Fig. 6.

Fig. 7.

Fig. 8.

Fig. 9.

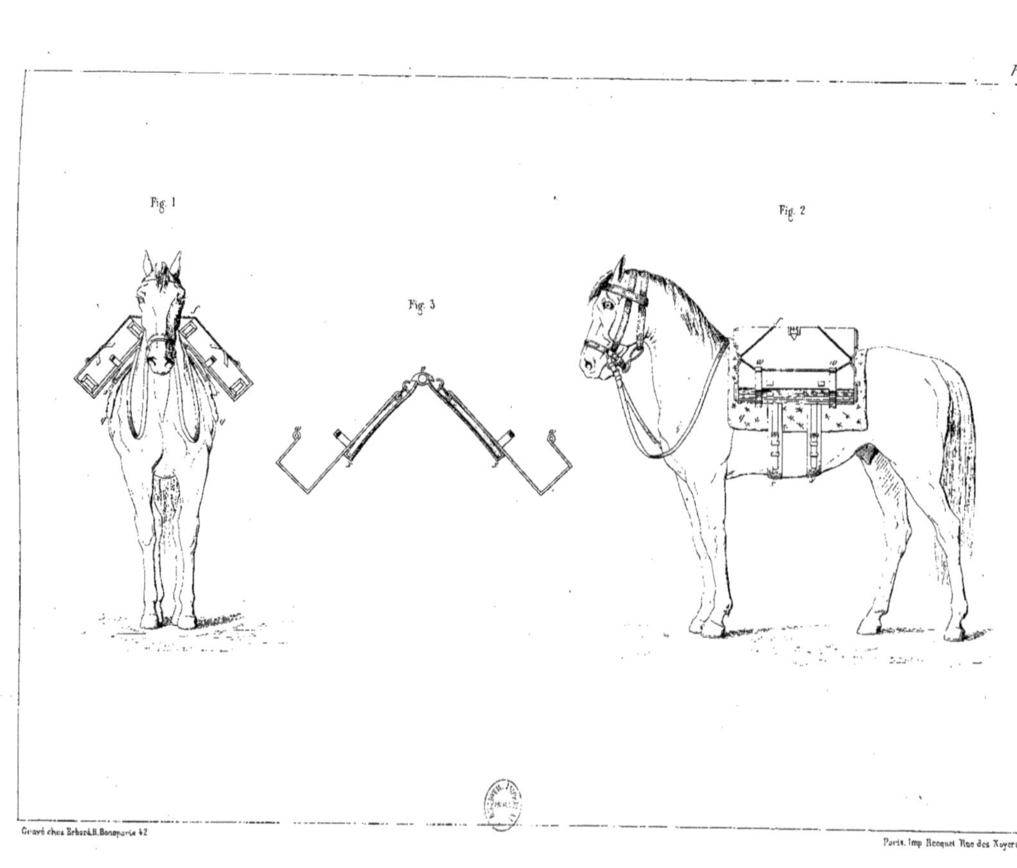
Fig. 1
Fig. 3
Fig. 2

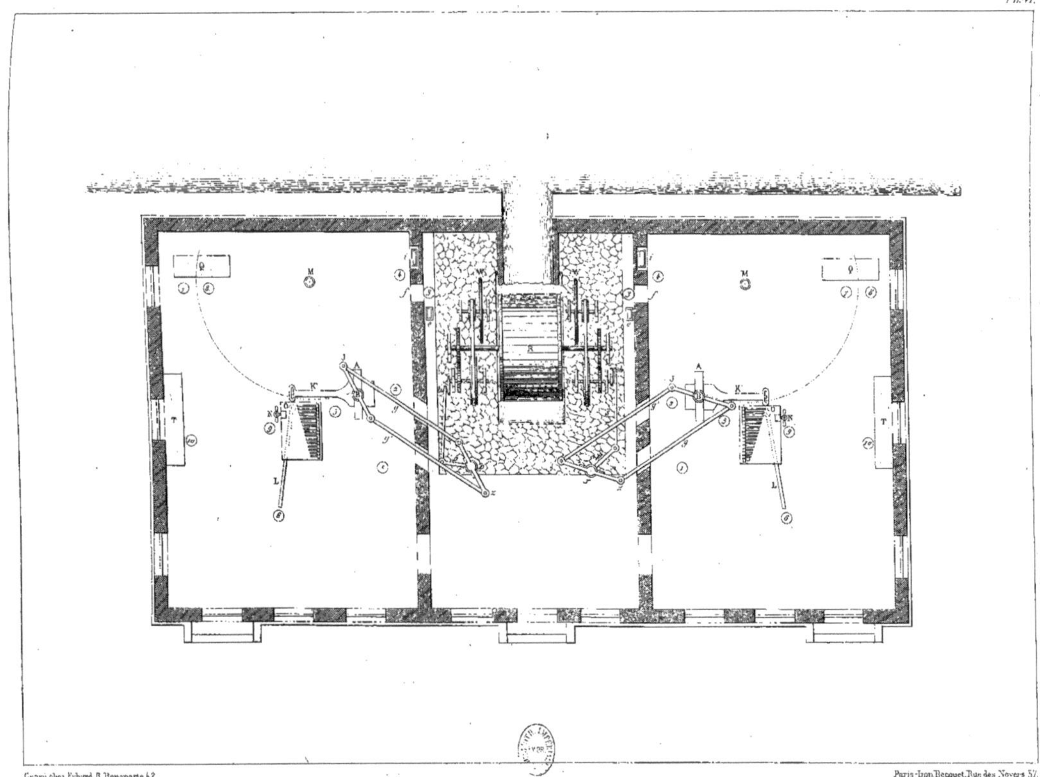

Fig 1.

Fig 2.

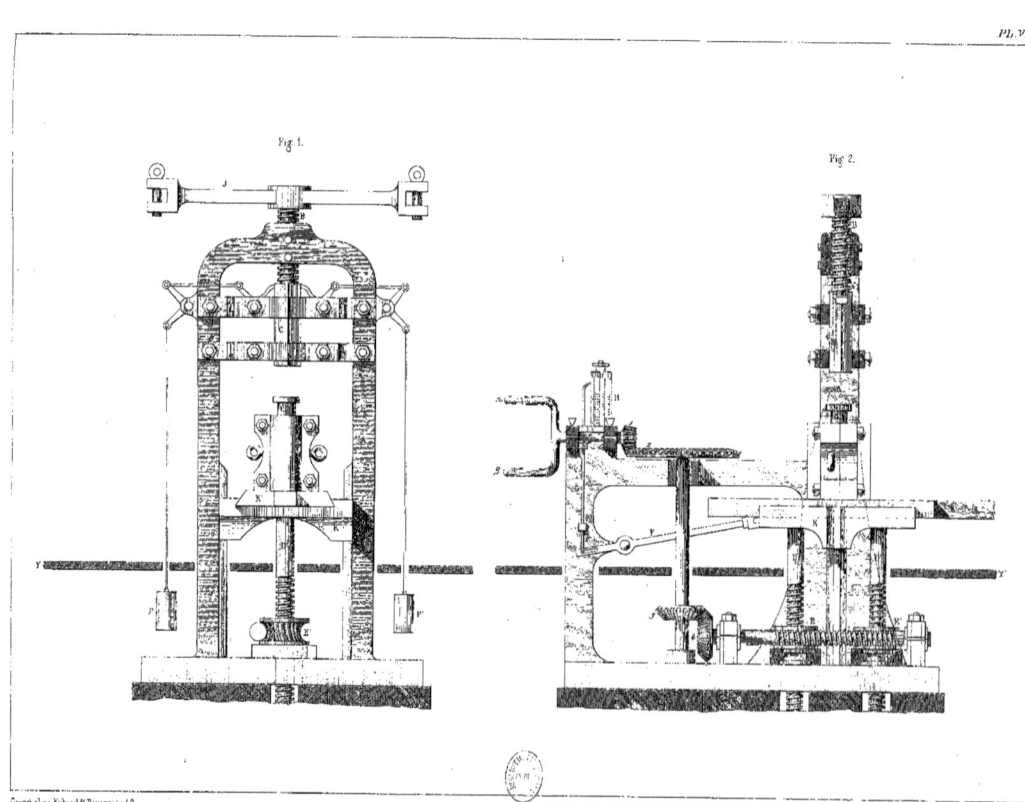

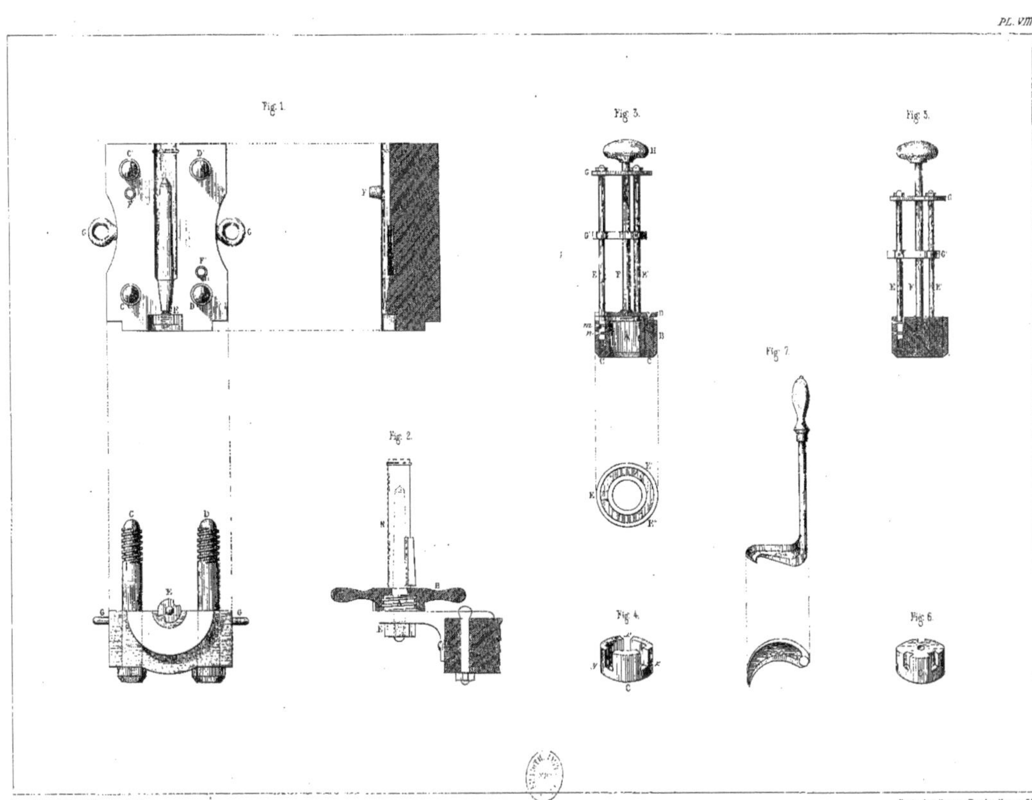

Fig. 1.
Fig. 2.
Fig. 3.
Fig. 4.
Fig. 5.
Fig. 6.
Fig. 7.

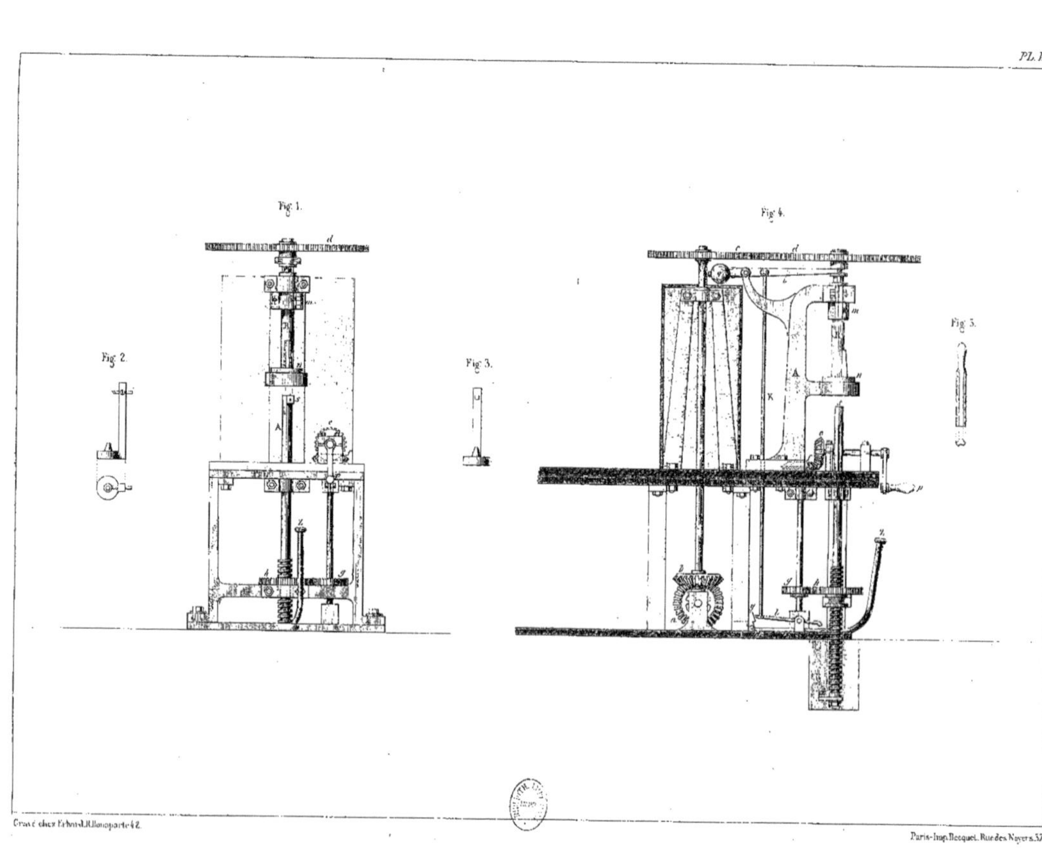

Gravé chez Erhard, R. Bonaparte 42.

Paris-Imp. Becquet, Rue des Noyers. 57.

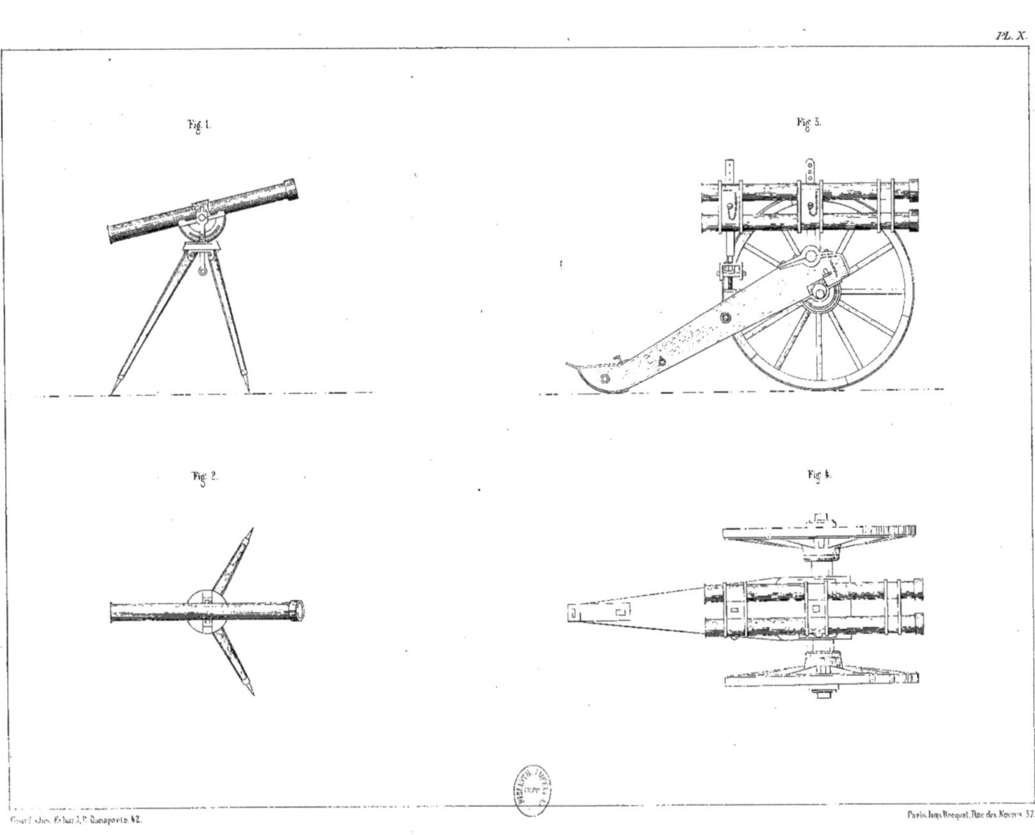

Fig. 1.
Fig. 3.
Fig. 2.
Fig. 4.

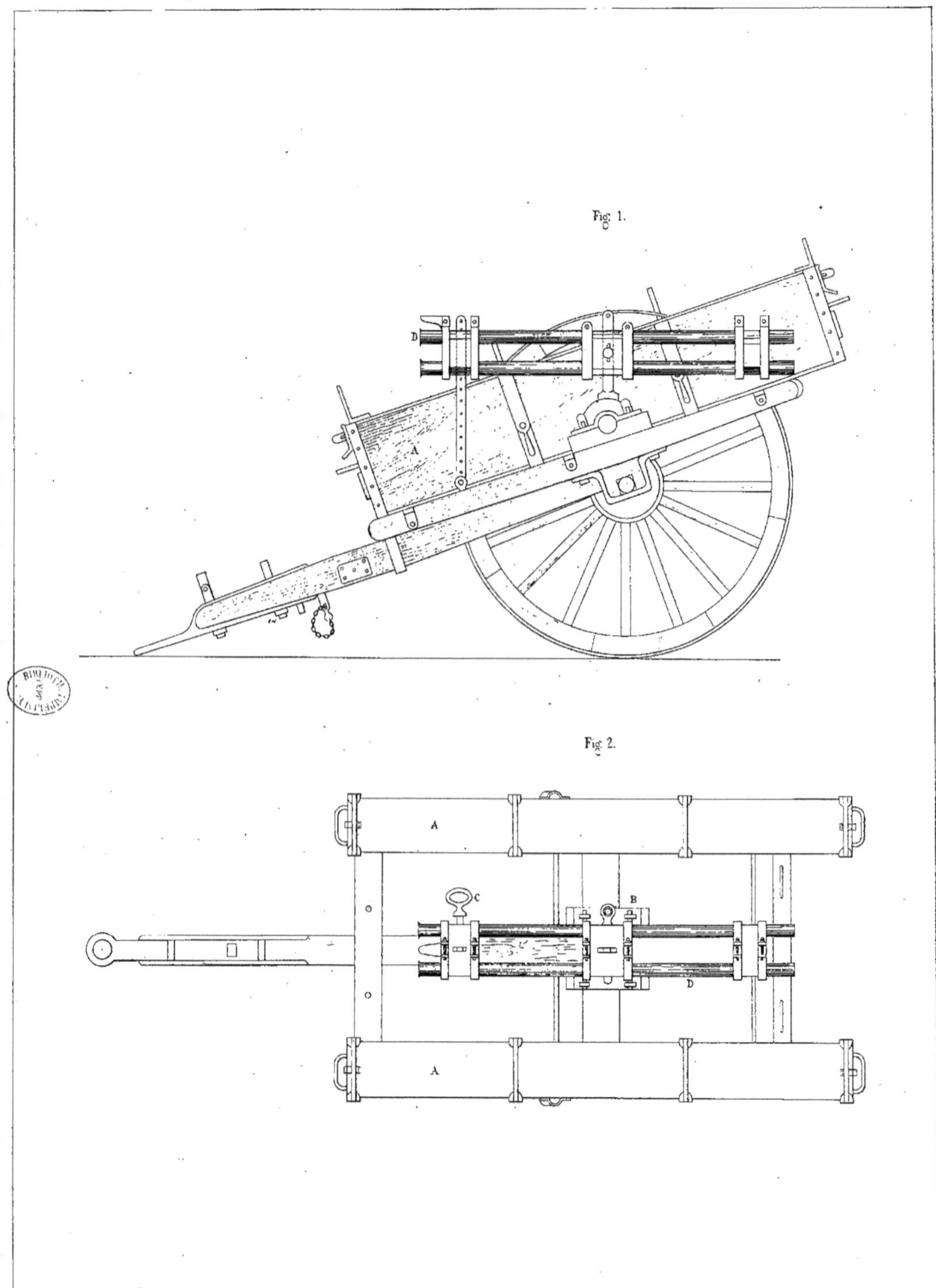

Fig. 1.
D
A
Fig. 2.
A
C
B
D
A

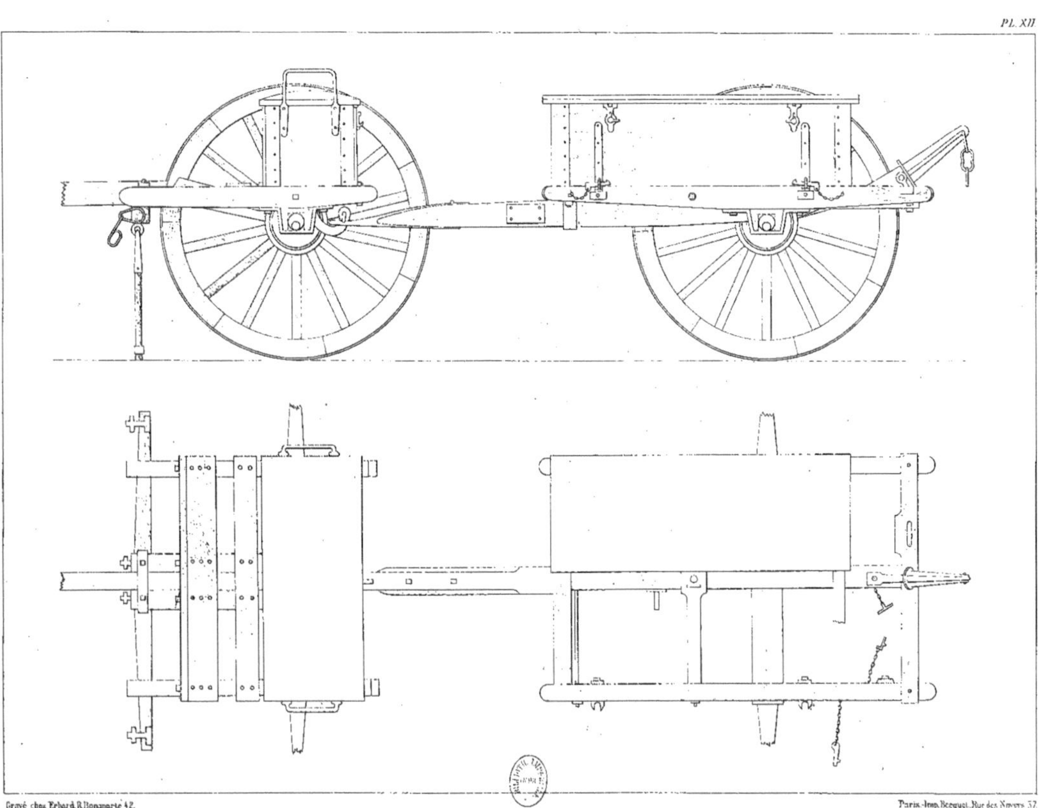

Paris-Imp. Becquet, Rue des Noyers 37.

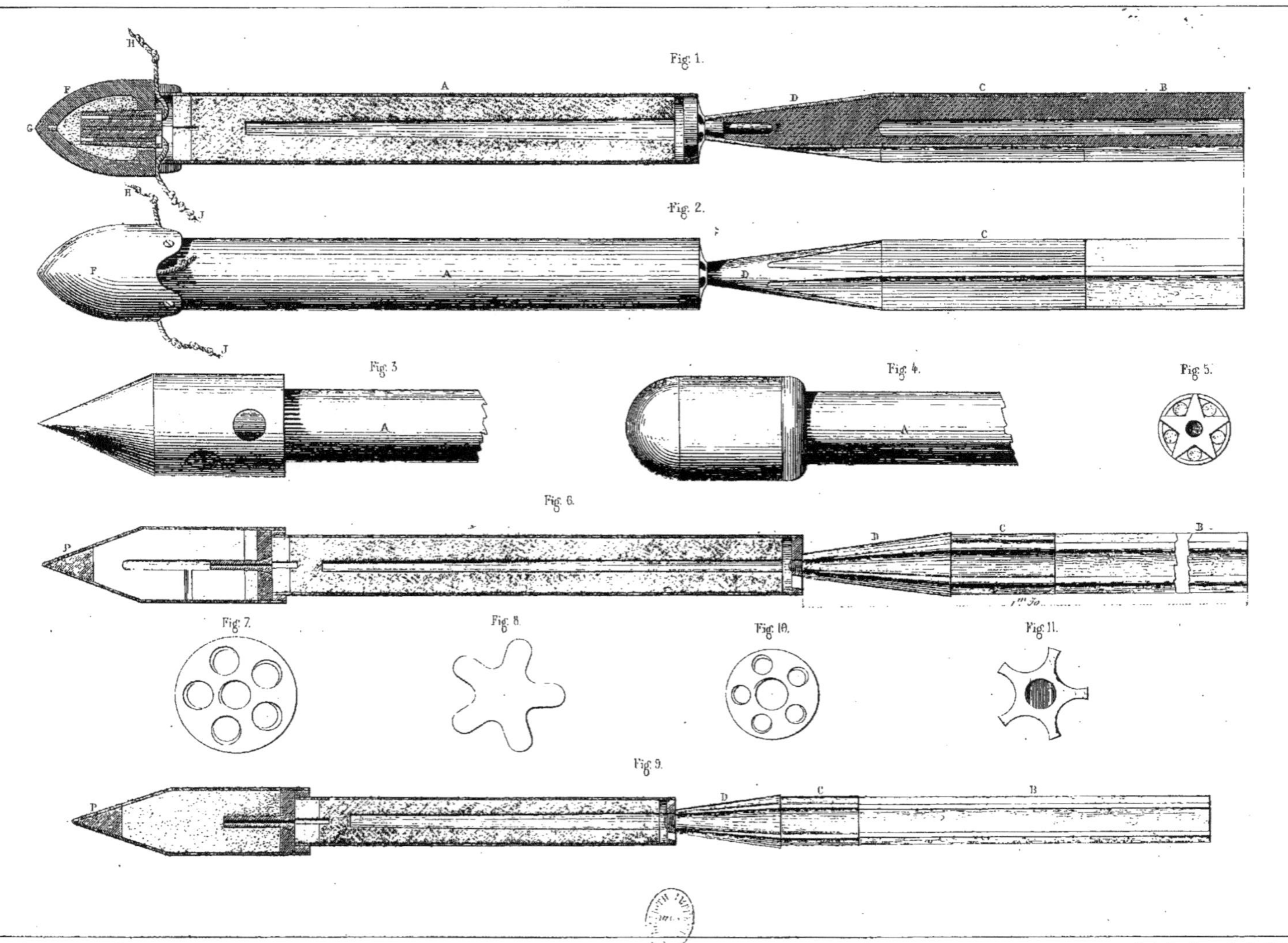

Fig. 1.
Fig. 2.
Fig. 3.
Fig. 4.
Fig. 5.
Fig. 6.
Fig. 7.
Fig. 8.
Fig. 9.
Fig. 10.
Fig. 11.

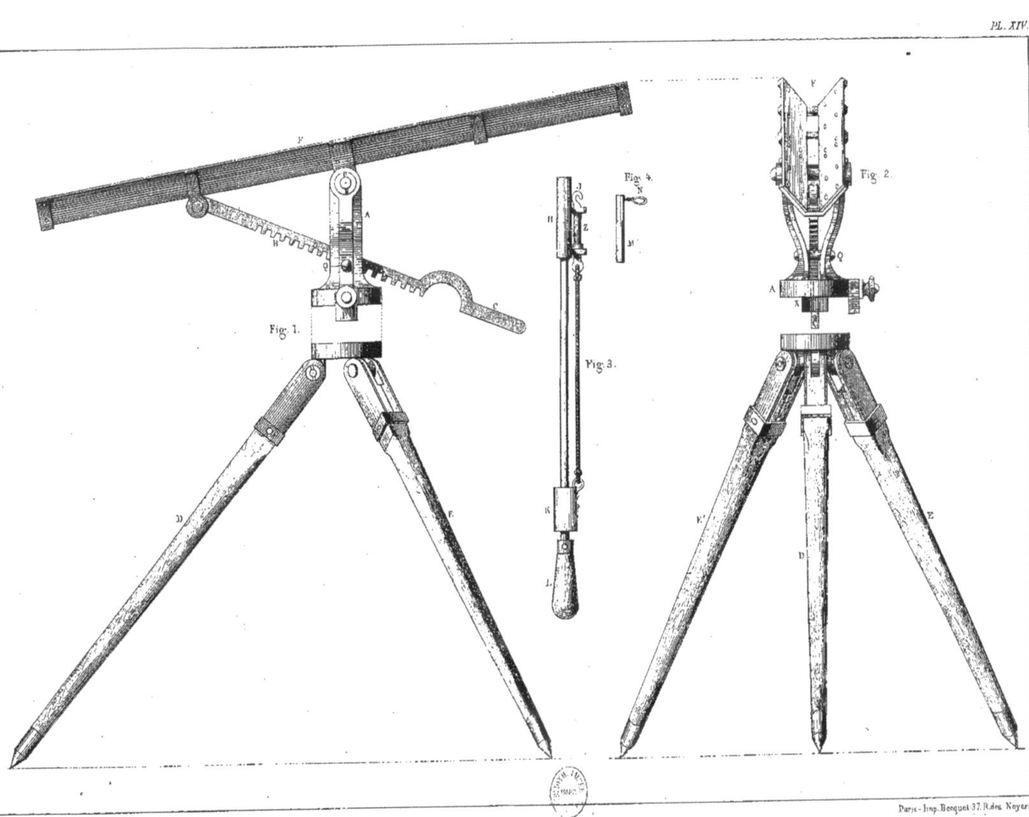

Gravé chez Erhard, R. Bonaparte 42.

Paris.- Imp. Bonquet 37. R. des Noyers

Paris. Imp Bocquet, Rue des Noyers 37.

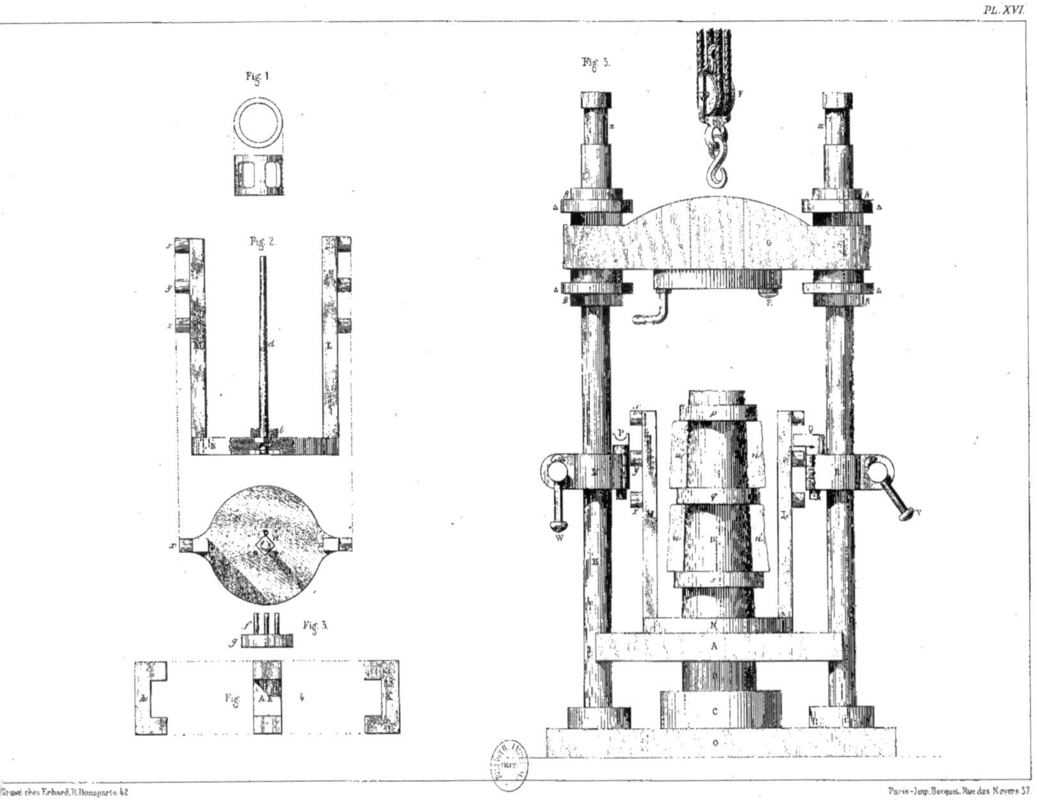

Fig 1.
Fig. 2.
Fig. 3.
Fig. 4.
Fig. 3.

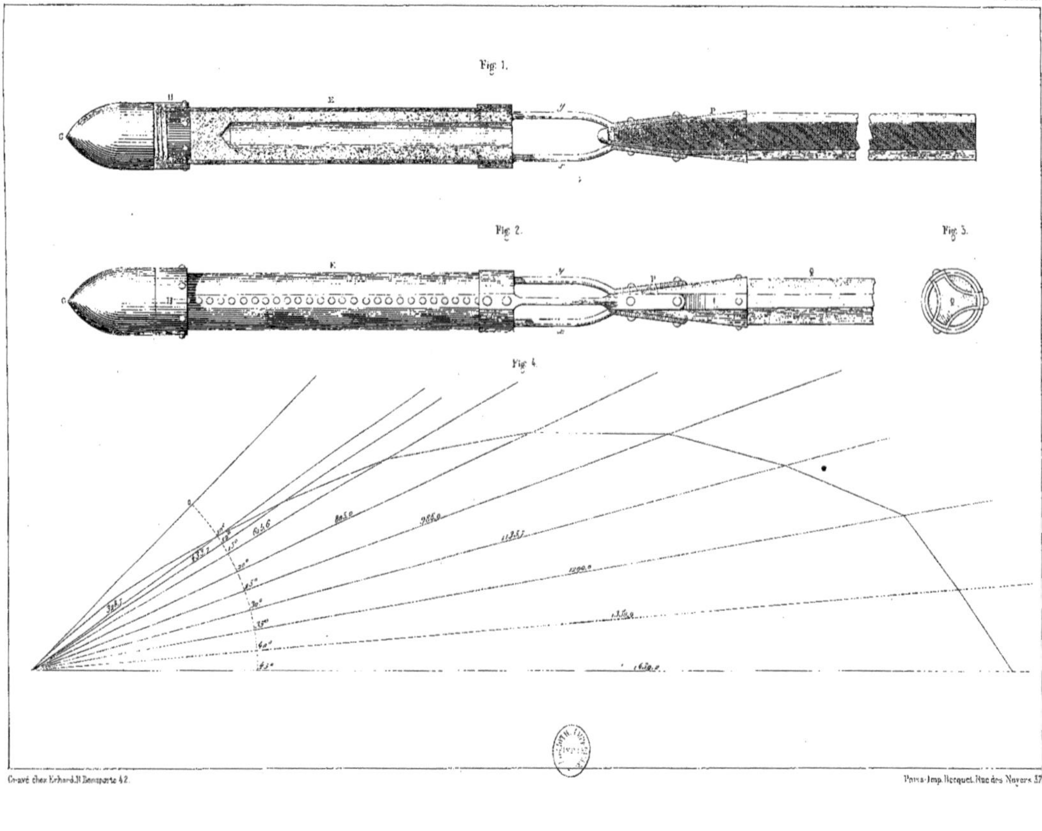

Gravé chez Erhard, R. Bonaparte 42.
Paris. Imp. Becquet, Rue des Noyers 37.

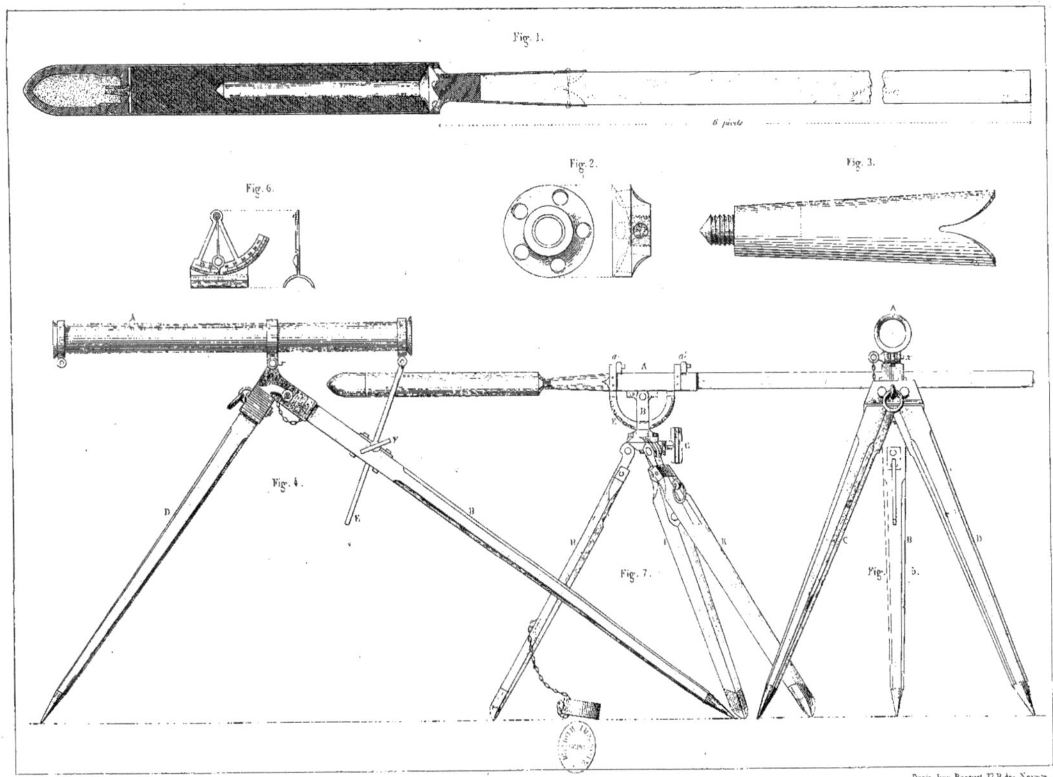
Fig. 1.
6 pieds
Fig. 6.
Fig. 2.
Fig. 3.
A
Fig. 4.
D
F
B
Fig. 7.
Fig. 5.
A
C
B
D

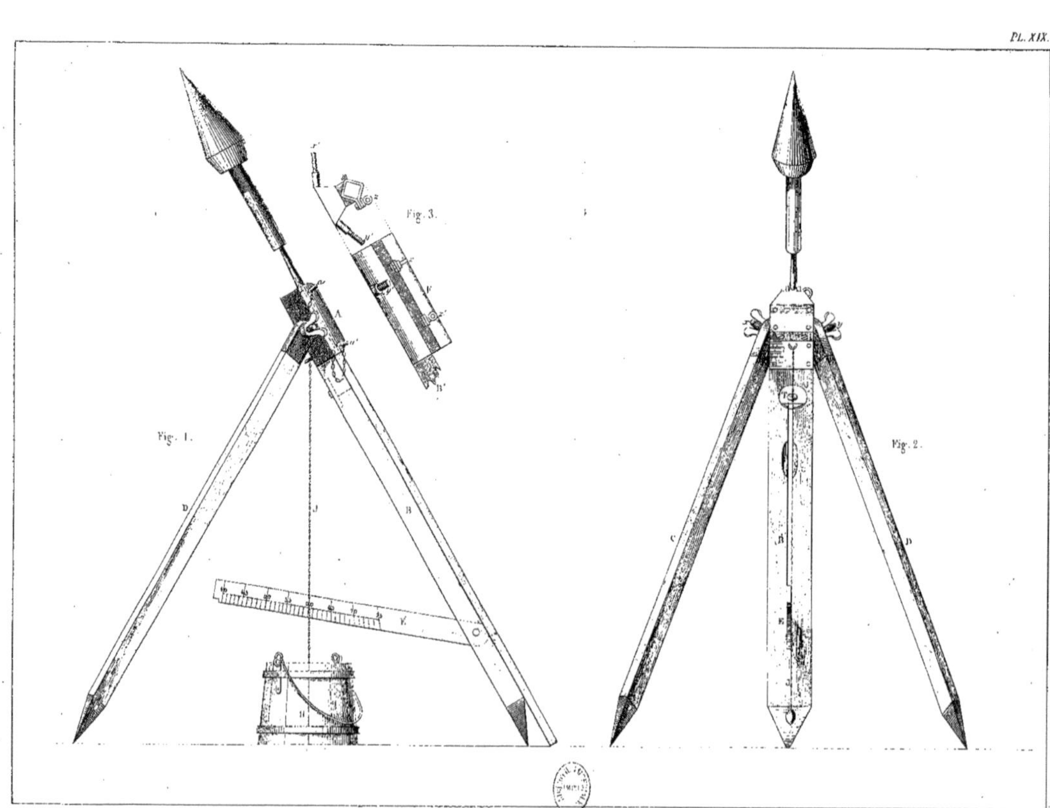
Fig. 3.
Fig. 1.
Fig. 2.
A
B
D
J
K
V
C
D

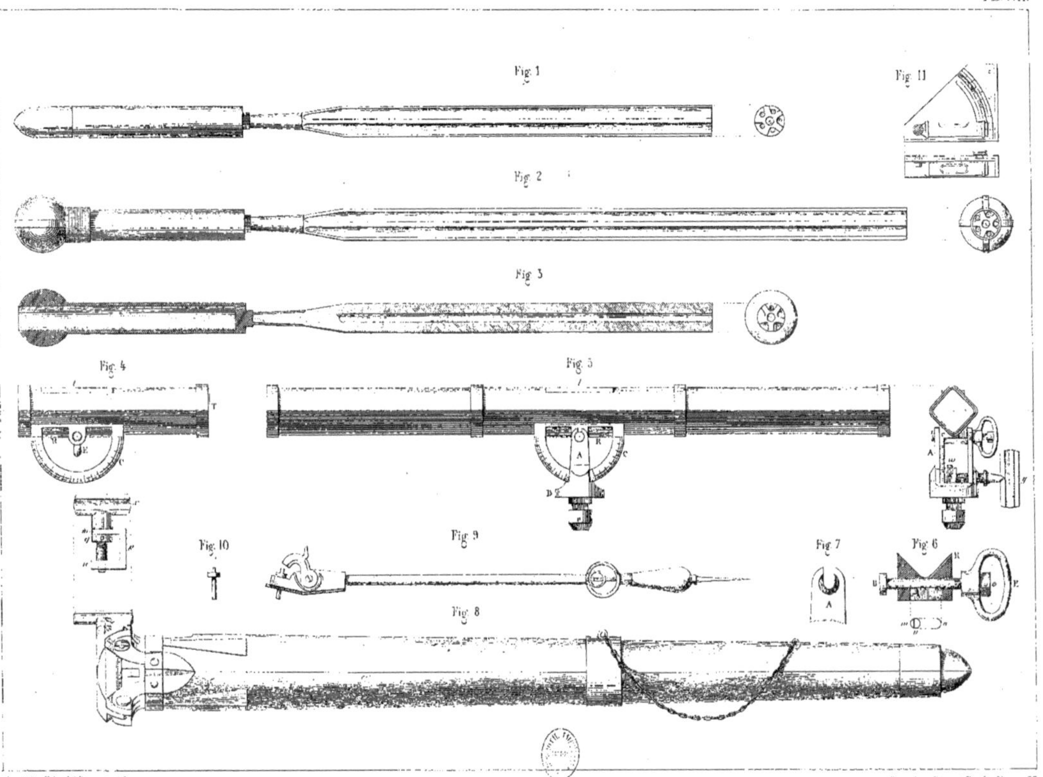
Fig. 1
Fig. 2
Fig. 3
Fig. 4
Fig. 5
Fig. 6
Fig. 7
Fig. 8
Fig. 9
Fig. 10
Fig. 11

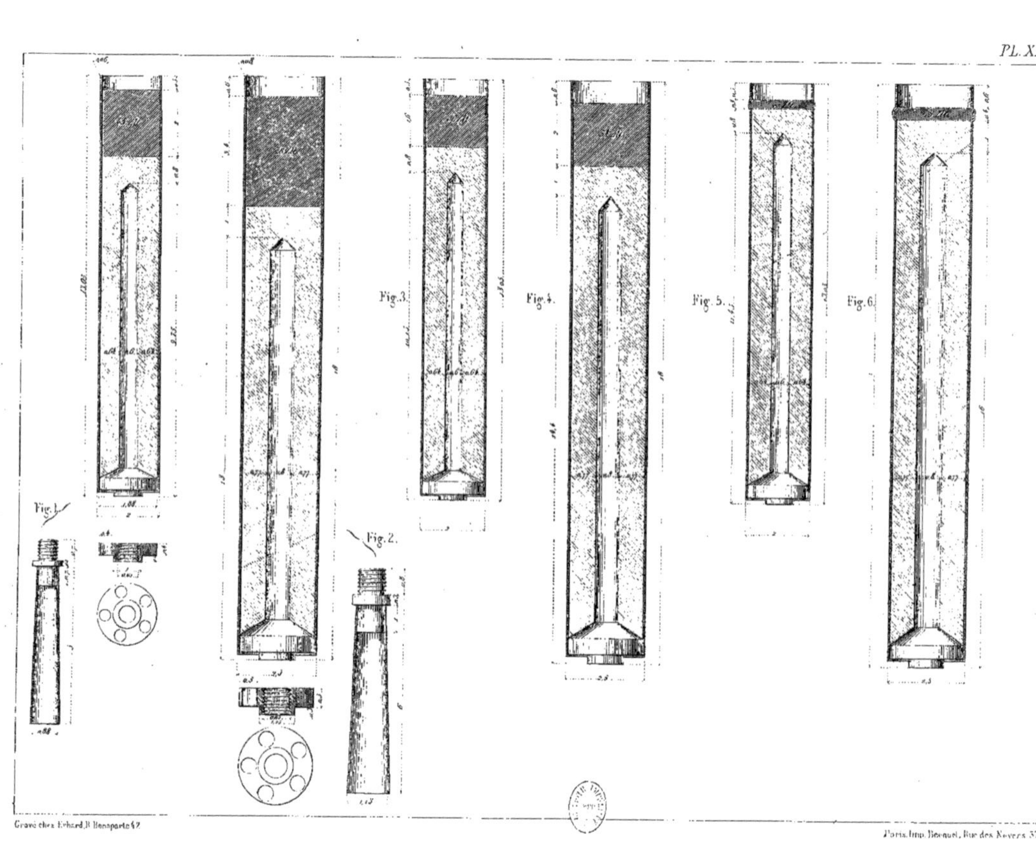

Paris, Imp. Bocquet, Rue des Nevers 37.

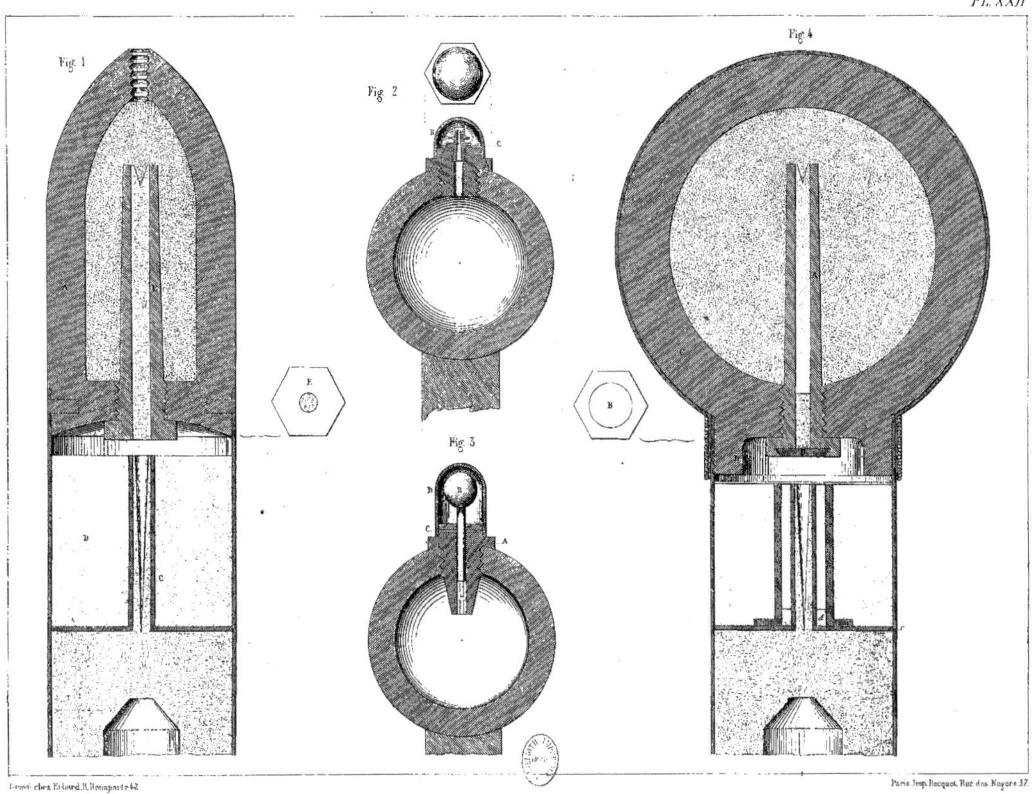
Fig. 1
Fig. 2
Fig. 3
Fig. 4

Fig 1.

Fig 2.

Fig 3.

Fig 4.

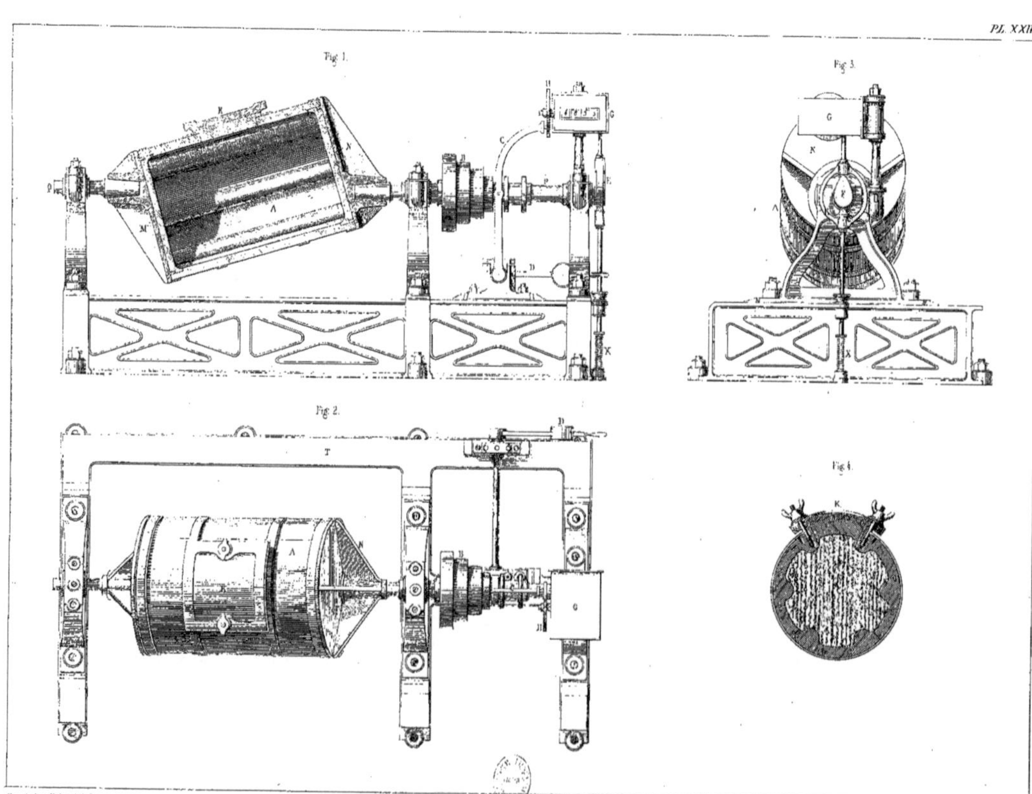

Gravé chez Erhard, R. Bonaparte 42.

Paris-Imp. Becquet, Rue des Noyers 37

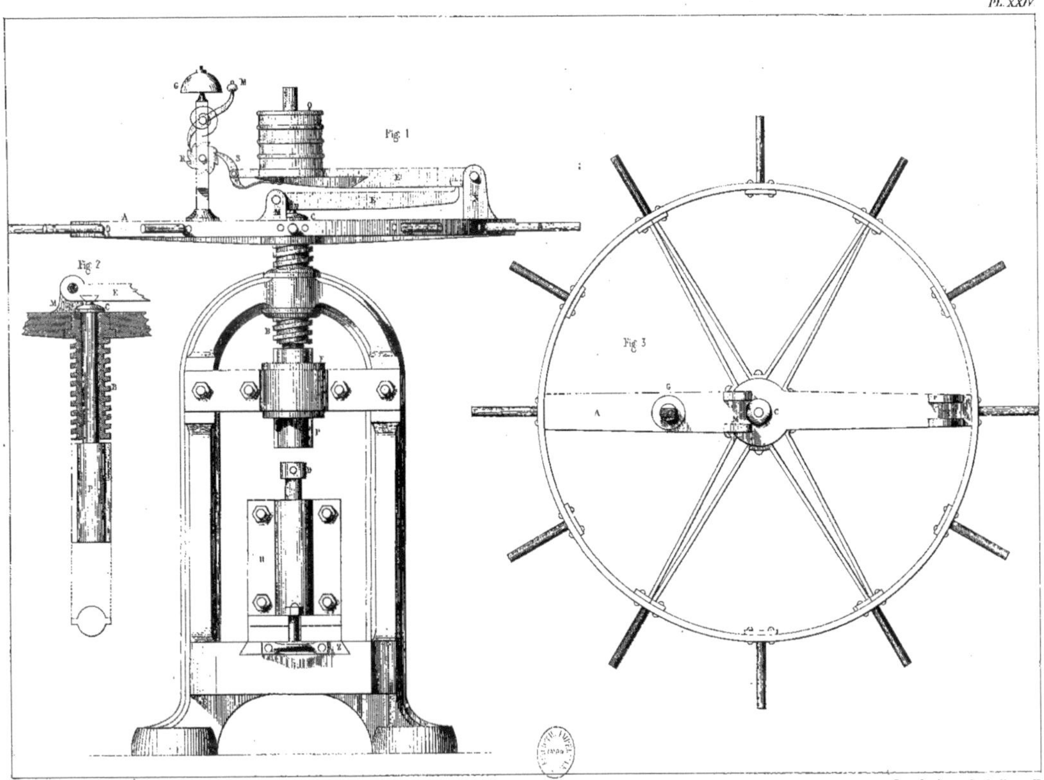

Gravé chez Erhard, R. Bonaparte 42.

Paris.-Imp. Becquet, Rue des Noyers, 37.

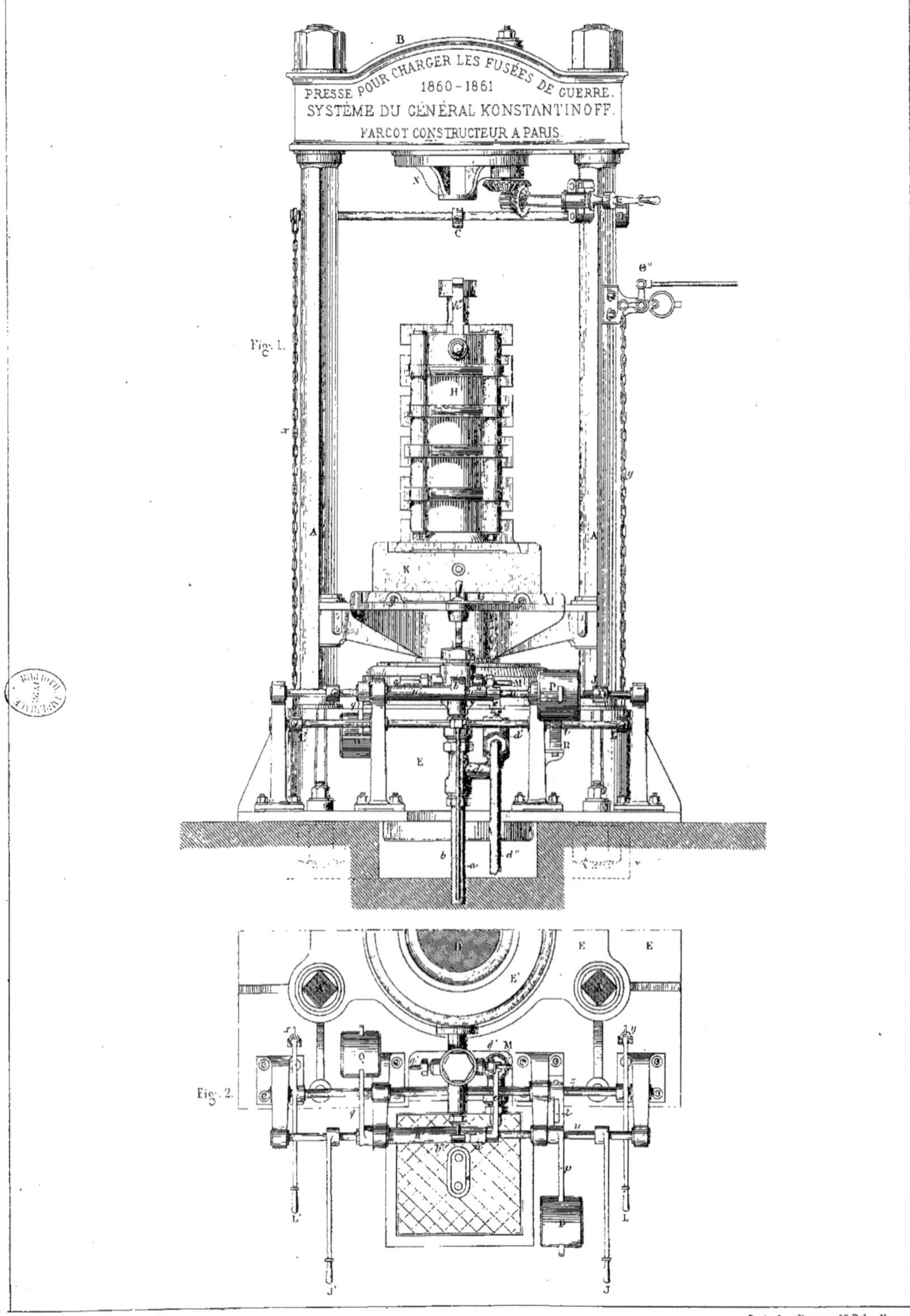
PRESSE POUR CHARGER LES FUSÉES DE GUERRE.
1860 - 1861
SYSTÈME DU GÉNÉRAL KONSTANTINOFF.
FARCOT CONSTRUCTEUR A PARIS.
B
N
C
Fig. 1.
H
A
A
K
E
Fig. 2.
D
E
E
E
M
Q
L
J
L
J

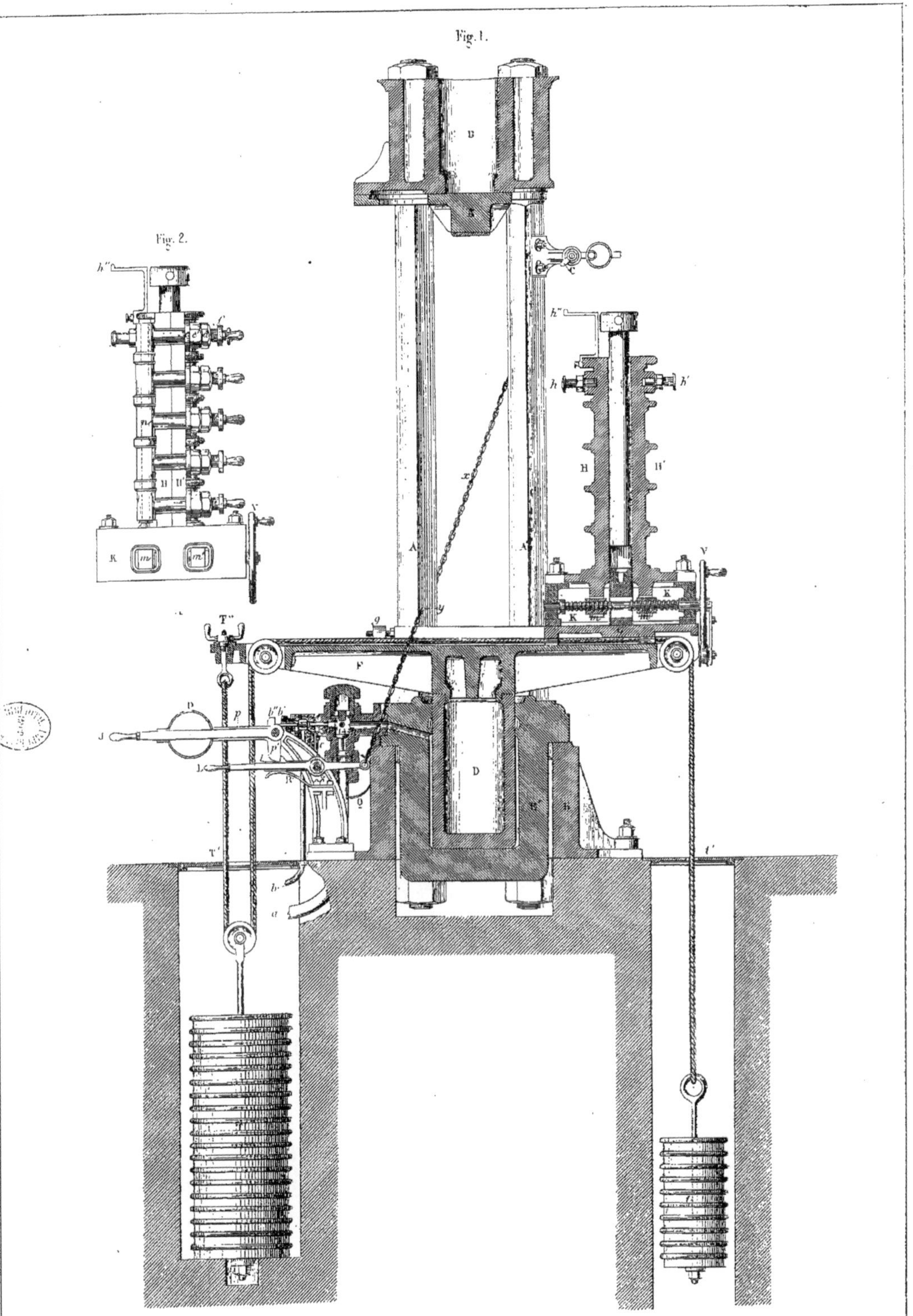

Gravé chez Erhard R. Bonaparte 42.
Paris - Imp.Becquet, 37 R.des Noyers.

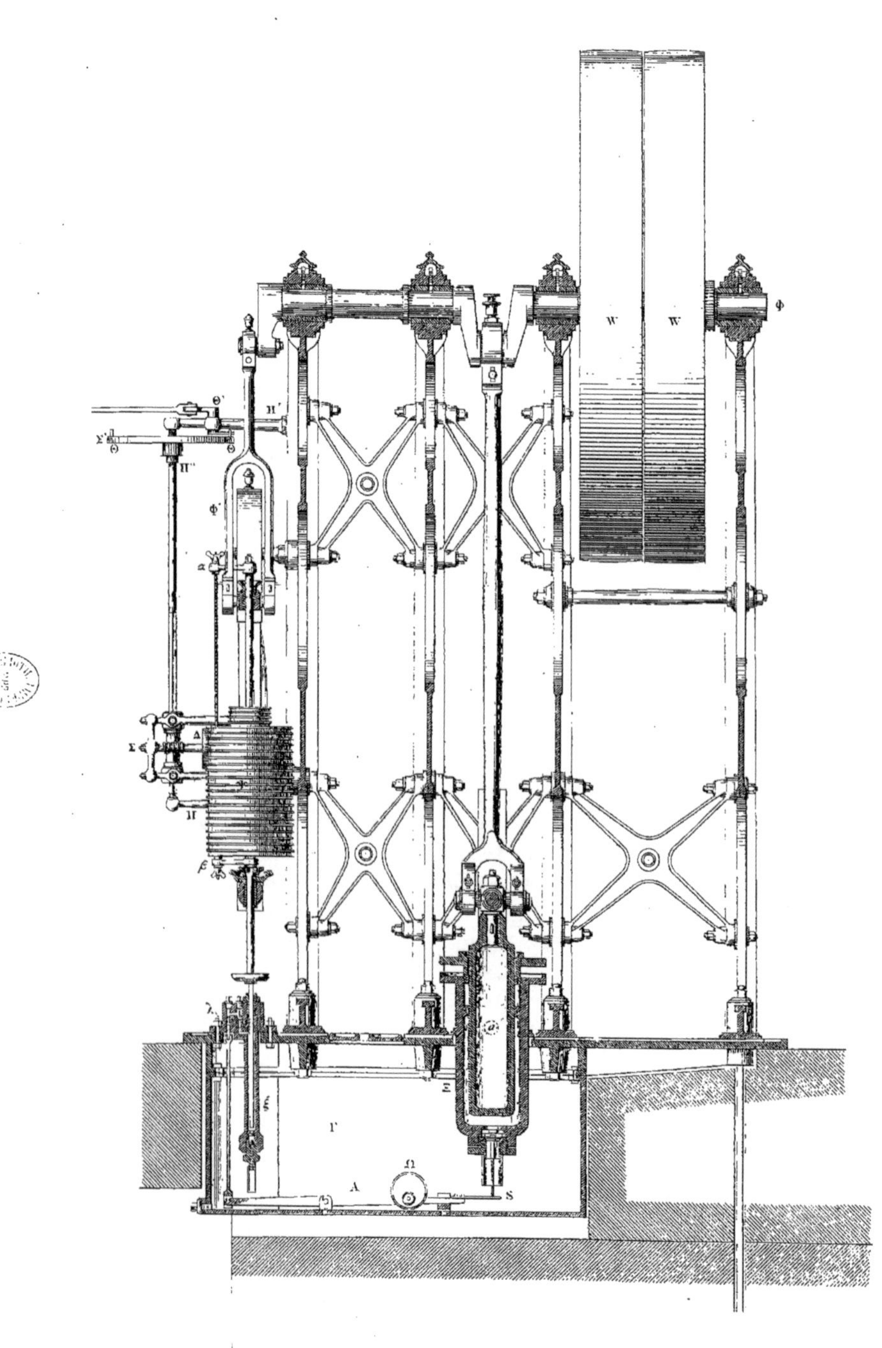

Gravé chez Erhard R.Bonaparte 42.

Paris - Imp.Becquet 37 R.des Noyers

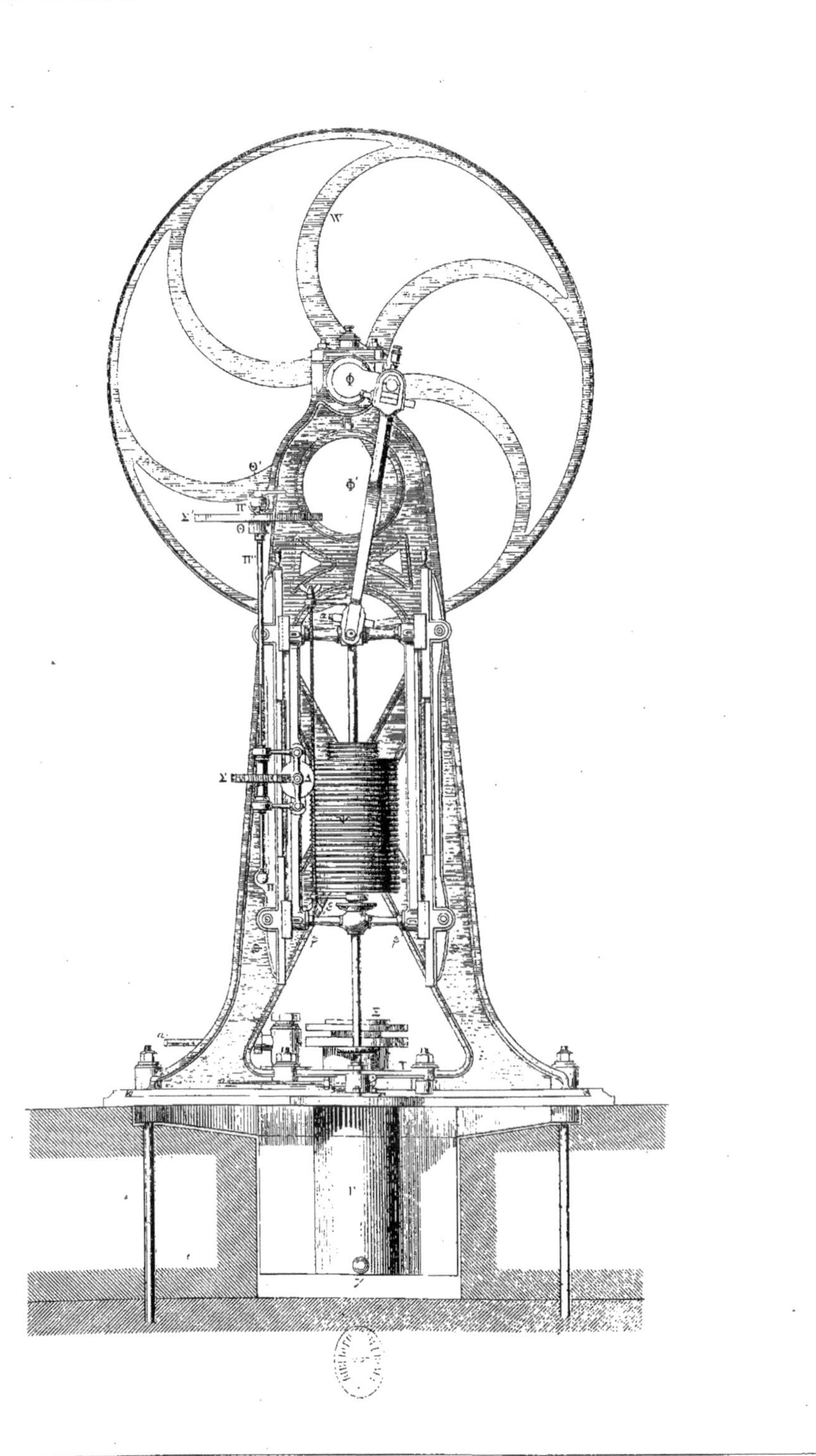

Gravée chez Erhard R. Bonaparte 42.

Paris-Imp.Becquet Rue des Noyers 37.

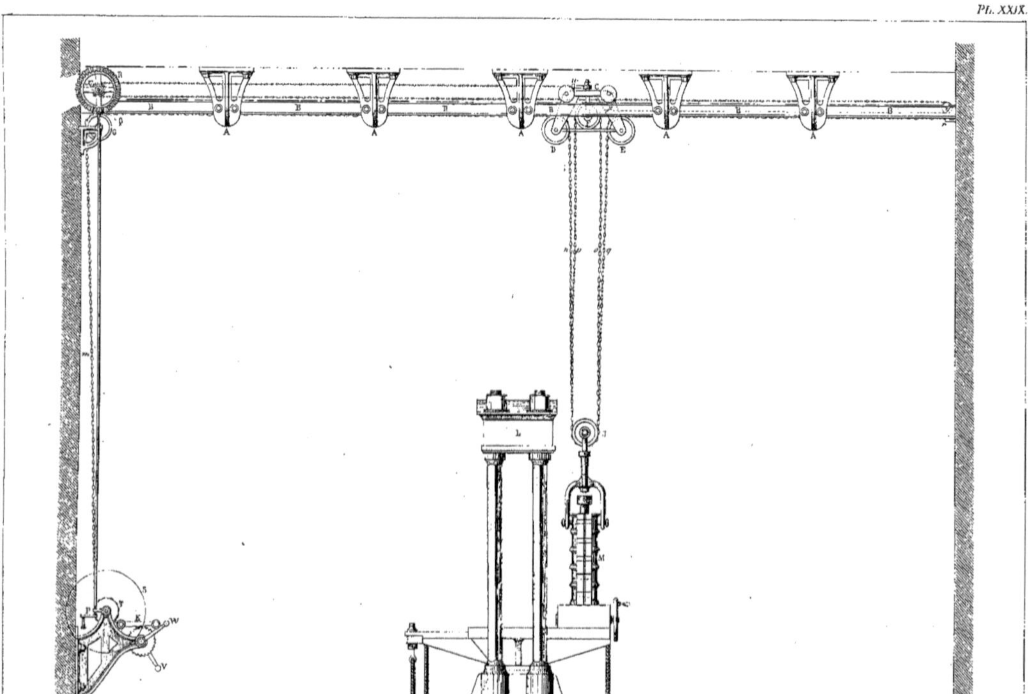

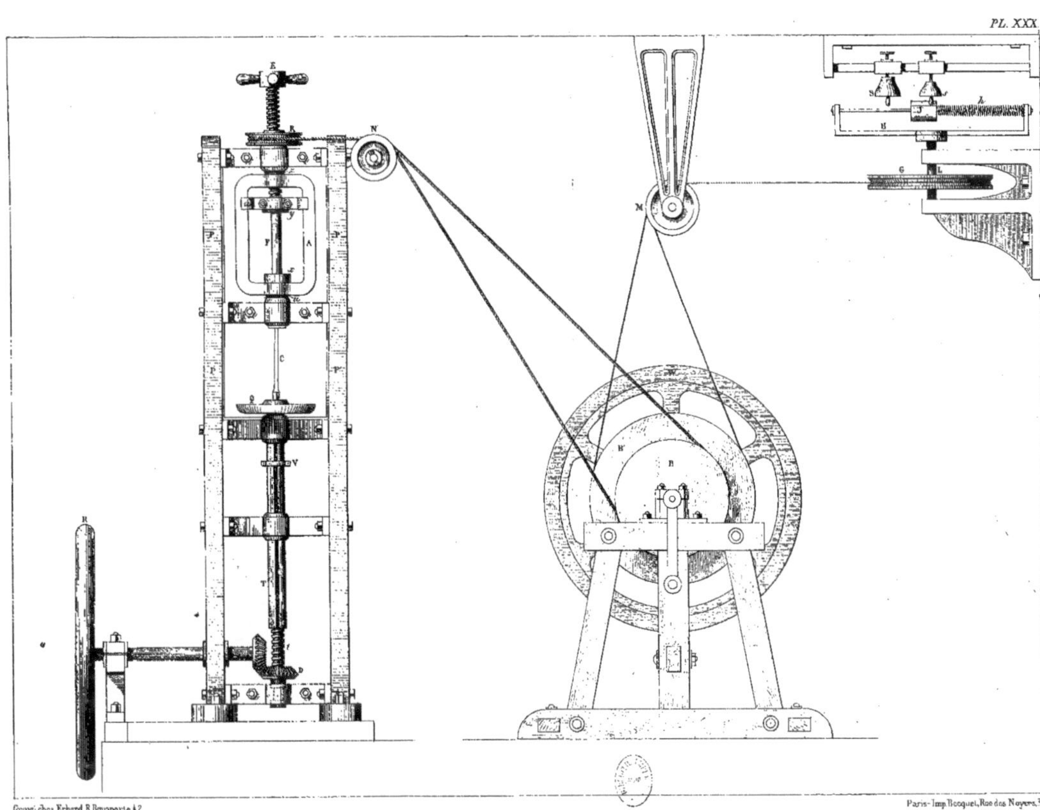

Gravé chez Erhard R. Bonaparte 42   Paris-Imp.Becquet,Rue des Noyers, 37.

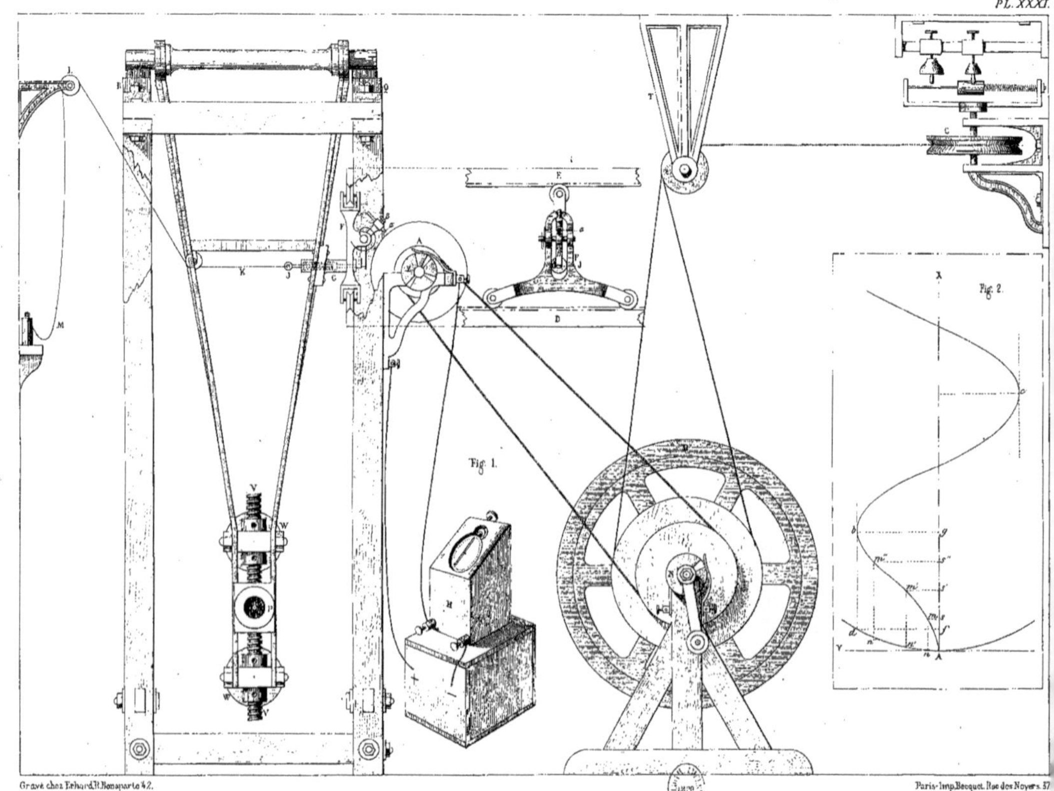

Gravé chez Erhard,R.Bonaparte 42.   Paris-Imp.Becquet, Rue des Noyers. 57.

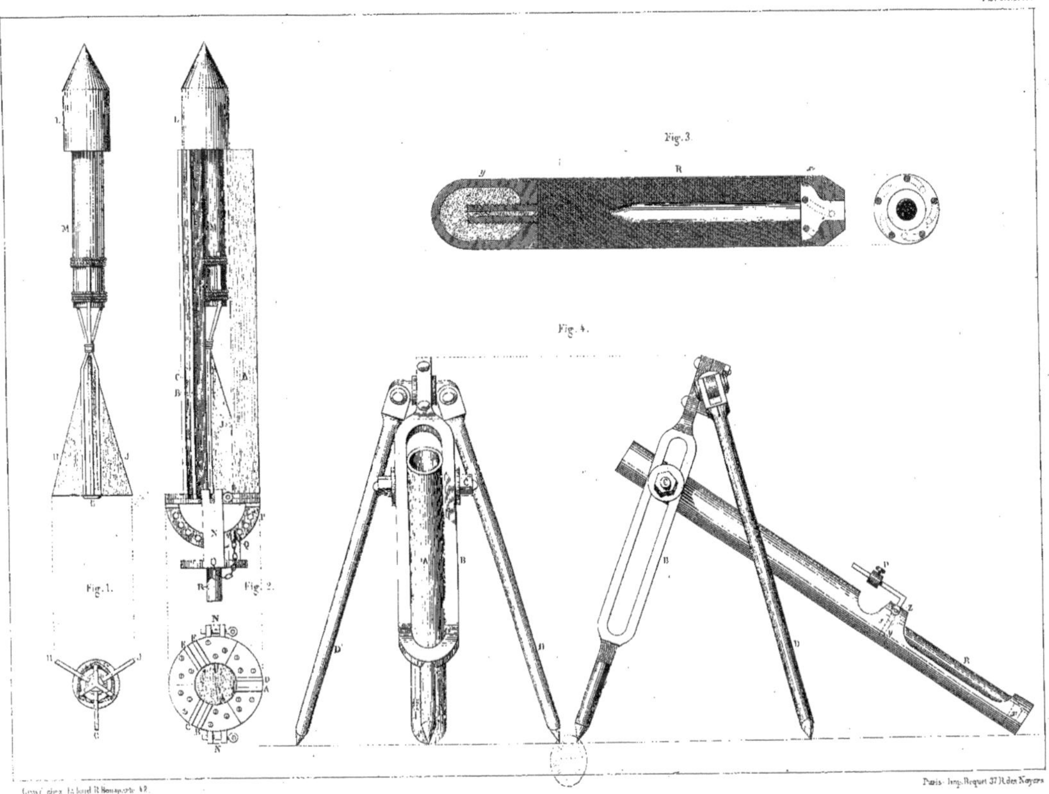

Fig. 3.
Fig. 4.
Fig. 1.
Fig. 2.